DÉFENSE NATIONALE

CONTRE

L'INVASION ALLEMANDE

PAR

MICHEL ROUS

Officier d'Artillerie

PREMIÈRE PARTIE

DE L'ORGANISATION GÉNÉRALE ET DE L'EMPLOI DE NOS FORCES

LYON

IMPRIMERIE ADMINISTRATIVE DE Vᵉ CHANOINE

PLACE DE LA CHARITÉ, 10

1870

PRÉLIMINAIRES

Il ne faut pas s'étonner si, après le désastre de Sedan, il y a eu un moment de stupeur et s'il s'est manifesté du désordre dans l'esprit des citoyens aussi bien que dans les conseils de la nation. Fait sans précédent dans l'histoire ! Cent vingt mille Français que nous pensions capables de délivrer Metz, avaient capitulé, battus en détail, décimés, sans avoir livré une grande bataille.

La France venait de perdre sans gloire sa dernière armée ; punie cruellement de sa longue abdication, accusée de corruption et de mollesse par l'ennemi même qui se croyait sûr de ne plus trouver de résistance ; raillée par ses anciens alliés qui l'engageaient, *dans son intérêt*, à subir le plus tôt possible la loi du vainqueur. Ainsi blessée, insultée, la France a hésité un moment, non à se défendre, mais à organiser ses ressources pour repousser l'envahisseur.

Enfin la lumière s'est faite ; le travail calme et efficace a succédé à l'animation fiévreuse des premiers jours. Il n'est plus question d'armer sept millions de citoyens avec des fusils qui n'existent nulle part, d'attaquer des troupes disciplinées avec des masses désordonnées et mal armées. D'un autre côté, ceux qui avaient pu désespérer ont aujourd'hui une idée plus rassurante de nos moyens.

Depuis un mois nous avons fait de grands progrès pour organiser nos forces. Pourtant nous pensons qu'on n'a pas toujours bien fait, mais surtout qu'on n'a pas fait assez et que l'œuvre de notre délivrance est en péril parce qu'elle s'accomplit trop lentement.

Pour nous rendre un compte exact, nous devons examiner rapidement ce qui a été fait, quels résultats ont été obtenus ; nous serons amenés à rechercher ce qu'il fallait faire de plus ou autrement, en constatant l'insuffisance de nos progrès.

DE L'ORGANISATION DE NOS FORCES

CE QUI A ÉTÉ FAIT.

1° On a organisé et l'on continue de former de nouveaux régiments de toutes armes avec les dépôts et les débrits des anciens régiments.

2° On a équipé et armé les gardes mobiles.

3° On a formé ou plutôt laissé former des compagnies de francs-tireurs.

4° On a décidé de mobiliser une partie des gardes nationales.

L'ensemble des forces appartenant aux trois premières espèces de troupes qui sont aujourd'hui équipées et armées (sans compter les garnisons de nos villes assiégées) dépasse en nombre l'armée Prussienne que nous avons à vaincre.

Pourtant rien n'a été tenté pour secourir nos places investies; l'armée qui assiége Paris menace Amiens, Rouen, occupe Orléans et fait facilement des provisions d'hiver; une autre armée a franchi les passages des Vosges, occupe Epinal, menace la Franche-comté et la Bourgogne. La presse étrangère signale avec un étonnement railleur et donne comme une preuve de notre décadence la conservation continue et à peu près parfaite des communications avec l'Allemagne, quand l'ennemi est à plus de cent lieues de ses frontières.

Je n'accuse pas les hommes qui ont la rude tache de gouverner la France après tant de malheurs; mon concours leur est acquis sans réserve. J'écris pour servir mon pays de tous mes moyens, en signalant ce qu'il me semble utile de faire pour notre défense. Or, il est impossible de ne pas être frappé des progrès constants que fait l'ennemi en même temps que le nombre de nos défenseurs augmente ; ces deux faits devraient s'exclure. J'en conclus que nos troupes de nouvelle formation n'ont pas été employées assez tôt, qu'on n'a pas pratiqué le meilleur système pour les utiliser.

Profitons des leçons que nous pouvons déjà retirer des premiers événements de cette guerre. N'ajoutons pas de nouveaux retards à des négligences antérieures qui nous ont fait tant de mal. L'histoire prononcera sur la conduite des chefs supérieurs qui étaient chargés de défendre Strasbourg et Toul; mais le courage des troupes et des habitants s'est hautement affirmé dans ces siéges; ces villes résisteraient certainement encore si nous avions fait quelque chose pour les secourir; nous les avons abandonnées — Metz résiste depuis de longs jours; mais Bazaine perd des hommes à chaque affaire, en même temps qu'il voit diminuer ses approvisionnements de vivres et de munitions. Paris donne l'exemple de l'héroïsme et fait l'admiration du monde; il n'en est pas moins vrai que la grande cité est dans des conditions spéciales qui rendent sa délivrance urgente. Les autres places assiégées sont dans des conditions de défense très-inférieures à celles de Paris et de Metz; il faut les dégager sans retard.

Ainsi, en examinant ce qui a été fait, nous trouvons des travaux d'organisation de corps de troupe, des constructions et des achats d'armes et d'Artillerie; mais nous constatons en même temps que ces forces n'ont pas commencé à agir pour satisfaire aux nécessités urgentes qui sont de secourir nos places assiégées, de couper les communications et de gêner les approvisionnements des Prussiens, enfin, au moins de menacer l'ennemi qui assiége Paris et de se tenir prêtes à appuyer l'armée de Trochu.

Ces retards qui ont donné tant de facilités aux adversaires tiennent aux systèmes suivis pour créer de nouveaux régiments, et aux vieilles traditions qui ont dirigé ceux qui devaient les commander.

Armée et Garde Mobile. — Nous pensons qu'au lendemain du désastre de Sedan, il fallait prendre une mesure radicale. Notre ancienne armée était perdue, il n'y avait qu'à en créer une autre en fondant dans la Garde Mobile tout ce qui restait de nos anciens régiments. On aurait obtenu ainsi une simplification importante résultant de l'unité.

Les régiments de gardes mobiles y auraient gagné quelques bons officiers et sous-officiers; ils se seraient instruits et disciplinés plus vite. Puis, surtout, ils auraient compris dès ce moment qu'ils étaient de vrais soldats, qu'ils devaient se préparer à tous les sacrifices.

Qu'a-t-on gagné à organiser séparément des régiments de marche presque exclusivement composés de conscrits? Pendant ce temps les gardes mobiles étaient négligés dans beaucoup de départements; ils ne se considéraient pas comme obligés aux mêmes devoirs que la ligne. De là des surprises et quelques défaillances qu'on aurait pu éviter à des jeunes gens que le premier feu a parfois étonnés.

Les gardes mobiles ont été généralement mal équipés et pourvus de vêtements insuffisants. Avec la blouse ou même la vareuse, ils ne sont pas en mesure de résister à la pluie et au froid. Il y a eu des négligences blâmables dans les administrations ou les comités de défense de beaucoup de départements; les tailleurs, les cordonniers et les fabricants d'équipements militaires n'ont pas toujours apporté à l'exécution des commandes l'activité et le soin que prescrivait le patriotisme. On n'a pas assez compris qu'en envoyant en campagne des hommes mal vêtus et mal équipés, on décourageait les meilleurs et qu'on pouvait fournir des excuses à la lâcheté. — Ces difficultés auraient été mieux résolues si l'administration militaire, qui a l'usage de ces organisations, avait été seule chargée d'habiller et d'équiper les gardes mobiles.

Quoiqu'il en soit, il est urgent de fournir, dans la limite du possible, des capotes aux gardes mobiles déjà partis. C'est aussi important que la question de l'armement elle-même, d'autant plus qu'un grand nombre de gardes mobiles sont habitués à vivre confortablement et ont besoin de plus de soins pour rester en bonne santé. Ils ont déjà prouvé ce qu'ils peuvent faire, et il serait injuste de ne pas les traiter aussi favorablement que les troupes de ligne.

Je pense donc que l'unité d'organisation aurait présenté de grands avantages; nous aurions eu une armée plus homogène et plus promptement prête à l'action.

En laissant de côté ces observations, étant donnée la marche qui a été suivie, n'y aurait-il pas eu de grands avantages à faire prendre la campagne aux nouveaux régiments dès que les hommes avaient leurs cadres et des armes? Les approvisionnements de l'armée qui assiége Paris auraient, par exemple, été gênés, les Prussiens n'auraient pas poussé des pointes aussi loin avec quelques cavaliers, s'ils avaient dû trouver devant eux des troupes même en travail d'organisation. Eût-on été obligé de se replier toujours à l'approche d'une troupe importante, on obtenait un résultat déjà considérable en forçant l'ennemi à agir par brigades ou par divisions pour se procurer des vivres.

En présence du danger, les manœuvres, l'instruction sur le tir, les devoirs du soldat en campagne, la discipline, tout s'apprenait mieux et plus vite qu'à la caserne.

Il y a lieu de recommander aussi l'envoi immédiat en campagne des gardes mobiles. Le séjour des villes ne permet que difficilement de former ces jeunes gens à la discipline et aux manœuvres ; le temps manque pour suivre la progression ordinaire. En présence d'un service sérieux les questions mesquines de grades et de personnes n'ont plus d'importance ; les chefs incapables disparaissent d'eux-mêmes ; les autres se feront vite obéir s'ils montrent de l'intelligence et du courage.

Mais ces troupes inexpérimentées ont besoin d'avoir toujours, au moins sur leurs derrières, des positions fortes où elles puissent se retirer ; c'est ce que nous développerons plus loin.

Nous devons reconnaître que depuis l'arrivée de Gambetta à Tours, une activité réelle et utile a été déployée ; mais il faut engager sérieusement la lutte sans perdre de temps. Chaque jour le moment de la reddition pour quelques places fortes peut sonner. Aujourd'hui, les administrations qui n'ont pas complétement équipé leurs gardes mobiles devraient être signalées ; il ne devrait plus y avoir de gardes mobiles stationnés dans les départements qui ne peuvent pas être menacés par l'ennemi.

Nous avons le regret d'être obligés d'ajouter que, dans certains cas, autorités républicaines et comités de défense n'ont pas su se dégager des influences locales et que des hommes ont été scandaleusement soustraits au service militaire. Nous pourrions citer des exemples ; il en est résulté parfois des mécontentements justifiés et nuisibles au service. La République, c'est la justice. Personne ne doit arguer de son importance pour se soustraire aux obligations de la défense nationale.

GARDE NATIONALE MOBILISÉE. — Ici encore l'emploi immédiat est de rigueur ; nous aurons besoin de toutes nos forces, et la garde nationale mobilisée doit fournir un effectif important. Il y a, non sans raison pourtant, une certaine hésitation relative aux conditions dans lesquelles cette troupe doit être employée. Beaucoup de gardes nationaux manquent de confiance en eux-mêmes et dans leur armement. Ils se conduiront bien au moment du danger, n'en doutons pas ; mais beaucoup d'entre eux l'ignorent eux-mêmes. De là des lenteurs dans l'organisation et la mobilisation.

Il faut que le Gouvernement leur dise : Voilà votre tâche et vous pouvez la remplir. La situation changera dès que les gardes nationaux mobilisés auront la conviction que, dans certaines conditions réalisables partout, avec leur armement actuel, sans se préoccuper de l'école de peloton et de bataillon, ils peuvent coopérer efficacement à la défense. C'est ce que nous espérons démontrer.

Que le Gouvernement le déclare hautement, qu'il donne des ordres de mobilisation, que nos provinces éloignées n'offrent pas plus longtemps le triste spectacle de luttes locales coupables ou d'une inaction qui ressemble à une indifférence complète pour les malheurs de la patrie. Cessons de fournir aux Prussiens des succès faciles en laissant isolés les habitants des villes attaquées ; que tout ce qui est en arrière se lève et marche en avant.

Le Gouvernement de la défense nationale sera d'autant mieux obéi qu'il commandera plus haut et plus ferme ; qu'il ne tolère plus les erreurs ou les résistances d'administrations locales qui paralysent les préparatifs de la défense. Dans le danger, le Gouvernement de la défense doit être une dictature.

FRANCS-TIREURS. — Le développement qu'ont pris les francs-tireurs est né d'une impatience très-légitime quand le danger était imminent et que le Gouvernement central semblait ne rien faire. Un grand nombre de compagnies se sont formées. Est-ce un bien ? Je ne le pense pas.

Les francs-tireurs sont surtout efficaces quand ils opèrent dans leur pays où tous les accidents de terrain leur sont familiers, qu'ils peuvent disparaître après un coup de main et se retrouver facilement dès qu'il y a lieu d'agir. Les compagnies actuelles, habillées, équipées et armées comme des soldats, opérant hors de chez elles, trouveront encore dans leurs rapports avec les paysans des difficultés provenant de la diversité des costumes ; il y a eu sous ce rapport des actes de fantaisie poussés à l'excès et que rien ne saurait justifier. Une tenue uniforme, un numéro assigné à chaque compagnie auraient bien mieux convenu.

Il faut le dire aussi, parfois de mauvais vouloirs s'abritent sous l'uniforme de franc-tireur. Au milieu de patriotes dévoués se glissent des hommes méprisables qui évitent le danger ou même abandonnent leur corps à l'occasion, après avoir échappé aux obligations du service régulier.

Il n'est pas douteux que les volontaires qui ont formé les compagnies de francs-tireurs auraient mieux servi leur pays s'ils s'étaient engagés dans l'armée ou la garde mobile. Les hommes d'expérience et de courage que comptent ces compagnies auraient exercé une influence salutaire sur les jeunes gens ; ils auraient joué un rôle plus modeste, mais plus utile.

Il reste à l'autorité à les grouper autour de divers centres militaires, à les mettre sous les ordres des généraux commandant des corps d'armée et surtout à ne plus autoriser de nouvelles formations.

Les vrais francs-tireurs sont les chasseurs et les paysans des départements envahis ; que quelques hommes d'action aient mission d'organiser ce service, qu'ils prouvent aux paysans qu'ils seront inévitablement dépouillés s'ils ne se défendent pas.

ARMEMENT DES TROUPES A PIED. — Tout le monde sait que les Prussiens sont armés du fusil à aiguille ; cette arme se charge par la culasse et peut tirer de six à neuf coups par minute environ, suivant les circonstances et l'habileté du tireur. Ce fusil est lourd, il fatigue le soldat par son recul et par son crachement dans le tir. Il n'est pas douteux que, soumis à la pluie et au mauvais temps, il ne soit exposé à être souvent hors de service ou à tirer beaucoup plus lentement que lorsqu'il est en bon état. Les épreuves commencent maintenant pour les hommes de Prusse et leur armement. Les portées efficaces comme justesse ne dépassent pas six cents mètres.

Nous avons pour armer nos troupes :

1° Des fusils Chassepot, des fusils Remington, des fusils Snider Enfield ; tous ces fusils se chargeant par la culasse sont plus maniables, plus sûrs et portent deux fois plus loin que le fusil à aiguille. Sans compter l'armement de Paris et de Metz, nous avons aujourd'hui 500,000 de ces armes perfectionnées ; ce nombre augmente toujours par suite des travaux de nos manufactures ,et des commandes faites à des manufactures étrangères.

2° Des fusils d'infanterie rayés, des carabines de chasseurs, que des renseignements officiels portent au nombre de 500,000, hors de Paris. Quelques milliers de ces armes ont été transformées au chargement par la culasse, d'après le système dit *à tabatière*, qui est assez mauvais. Les autres se chargent par la bouche et peuvent tirer de deux à trois coups par minute, avec une portée et une justesse redoutables jusqu'à 800 mètres.

3° Au moins autant de fusils lisses des derniers modèles, dont la plus grande partie pourrait être rayée et avoir l'importance des précédents. Je néglige de compter les mousquetons de cavalerie, de gendarmerie et d'artillerie faisant un total de 150,000 armes environ.

Comme nombre on voit que nous ne manquons pas de fusils. Mais il y a des gens qui pensent qu'aujourd'hui on ne pent plus se battre si l'on n'a pas un fusil se chargeant par la culasse. Cela n'est vrai que si l'on n'envisage qu'une manière de combattre.

Il est certain que si nos troupes se trouvaient en rase campagne armés de fusils à percussion, combattant des ennemis qui tireraient jusqu'à trois coups, pendant qu'eux-mêmes n'en pourraient tirer qu'un, elles subiraient de grandes pertes ; notre devoir est de ne pas les exposer dans des conditions aussi désavantageuses qui rendraient la défaite certaine. L'infanterie qui livrera bataille, ligne ou mobile, doit donc être armée de fusils à longue portée et à tir rapide.

Mais derrière des retranchements, la situation n'est plus la même. Couverts par un rempart en terre, tirant posément en appuyant le canon, nos réserves peuvent très-bien suppléer par la justesse du tir à la multiplicité des coups. Le fusil d'infanterie français, rayé, porte plus loin et plus juste que le fusil prussien. L'ennemi s'approchant d'une fortification à 800 mètres commencera à perdre du monde ; notre tir deviendra d'autant plus meurtrier que l'ennemi (qui sera entièrement à découvert) s'approchera davantage. Pendant ce temps quel mal fera aux défenseurs, la grêle de balles tirées au hasard qui seront arrêtées par les parapets ou passeront au-dessus de leurs têtes ?

Les fusils à canons lisses n'ayant qu'une portée effective de 150 à

200 mètres doivent être réservés pour les gardes nationales sédentaires, à moins qu'on ne se décide à les rayer, ce qui est facile à
faire dans toutes les grandes villes qui ont des ateliers pour le travail du fer. Mais il faut bien se garder de les tranformer à la légère
en ce moment. Il y a pour s'abstenir les meilleures raisons :

La première est que les fusils rayés sont très-bons tels qu'ils sont,
pourvu qu'on les emploie dans certaines conditions indiquées. — Il
faut prendre garde de changer une arme dont le service est sûr, qui
ne tire que trois coups par minute, mais les tire toujours, contre des
fusils transformés qui ne présentent aucune sécurité. C'est ce qui est
arrivé pour le fusil à tabatière qui a pourtant été fait dans un moment relativement calme.

Les fusils se chargeant par la culasse même les meilleurs, exigent
beaucoup plus d'entretien, et ont besoin plus souvent des soins de
l'armurier que le fusil à piston. Quand ces armes on été mal fabri-
quées, ou mal entretenues, elle sont très-facilement mises hors de
service. Cela est vrai pour les fusils neufs et à plus forte raison
pour les fusils transformés.

Dans la transformation, il faut considérer le système et l'exécution
des culasses mobiles. Les systèmes de transformation se comptent
par centaines; à peine quatre ou cinq donnent de bons résultats. Il
serait périlleux d'adopter à la légère une invention nouvelle, qu'on
n'a pas le temps d'éprouver. Les autorités de la République devraient
défendre ces modifications inconsidérées, tentées souvent sans surveillance sérieuse, qui peuvent compromettre nos troupes.

Les combattants ne doivent avoir des fusils se chargeant par la
culasse, que si l'on est sûr qu'ils offrent toute garantie. Personne ne
peut à la vue d'un système, sans l'avoir soumis à des épreuves mul-
tipliées, affirmer que ce système remplira les conditions. Il y a de
plus de grandes chances pour que l'exécution de la transformation
faite à la bâte, par des ateliers improvisés soit défectueuse. Or, ici
pas de milieu ; un fusil se chargeant par la culasse doit être rejeté
dès qu'il n'est pas excellent.

N'oubliez pas que ces armes transformées exigent des cartouches
spéciales, que la fabrication de ces cartouches ne peut pas se faire
partout. Conservons donc le fusil à percussion dans tous les services
pour lesquels il est suffisant.

Ainsi, nous pouvons donner à 500,000 hommes de troupes actives des armes perfectionnées, disponibles dans les départements non encore envahis. Nous avons aussi 500,000 fusils rayés à percusion, très-suffisants pour armer des troupes qui auraient à défendre des retranchements. Qui oserait dire que nous manquons d'armes pour notre défense ?

Il est vrai que ces armes, ne sont pas toutes livrées à ceux qui sont organisés pour s'en servir. Beaucoup de fusils rayés, et même des armes à tir rapide, sont entre les mains de gardes nationaux sédentaires, qui n'en ont pas besoin ; il faudrait leur faire comprendre qu'en privant les troupes qui tiennent campagne, de ces fusils inutiles dans leurs mains, ils se font involontairement les complices de la Prusse. S'ils tiennent à les garder ils n'ont qu'à suivre l'armée active.

En un mot, il est nécessaire qu'un ordre précis décide la répartition des diverses espèces d'armes, d'une manière rigoureuse :

1º Les armes perfectionnées pour l'armée active.

2º Les fusils rayés *à percussion français*, pour les Gardes nationales mobilisées.

3º Les fusils lisses, et les modèles irréguliers pour la garde nationale sédentaire.

ARTILLERIE. — L'opinion publique s'est particulièrement alarmée au sujet de la perte d'un énorme matériel de campagne, et d'un nombreux personnel d'artillerie. Dès le début de la guerre, nos canons ont été moins bien utilisés que ceux des Prussiens, et ils ont toujours été opposés à des pièces plus nombreuses. Ce désavantage de nos armées, a été plus fortement marqué encore depuis le grand désastre, dans les engagements de nos nouvelles troupes.

Le canon prussien de campagne en acier, n'est pourtant pas supérieur à nos pièces de campagne, rayées en bronze. Pour cette destination le chargement par la culasse introduit une complication, offre des chances de mise hors de service, et n'apporte que des avantages peu importants. Les canons en acier à culasse mobile, n'offrent pas la sécurité qui est complète dans notre artillerie. Pendant la campagne de 1866, *six canons Prussiens on éclaté dans le tir ;* c'est ce qui n'arrive jamais, avec nos canons rayés de campagne. La supériorité de l'artillerie prussienne a tenu uniquement à son nombre, et à l'excellente préparation des officiers et des canonniers.

Cette situation nous était parfaitement connue avant la guerre ; il ne manquait pas en France, d'officiers d'artillerie dévoués et instruits, qui réclamaient un plus grand nombre de batteries et la supression des manœuvres de parade, auxquelles on sacrifiait l'instruction des batteries isolées et le tir, véritable école de guerre. Mais des considérations personnelles à certains chefs, le désir de briller dans de grandes manœuvres ont toujours stérilisé les bonnes volontés.

Aujourd'hui il s'agit de réparer nos désastres. Si nous manquons complètement d'artillerie, ou si nous n'en avons pas assez, l'ennemi canonnera nos troupes à grande distance, les décimera et les dispersera sans danger. Son infanterie n'entrera en ligne, qu'après que les obus auront produit leurs ravages, et elle continuera à remporter des victoires faciles. C'est la tactique indiquée, et les Prussiens ne manqueront pas de la suivre.

L'artillerie nous est donc indispensable pour défendre nos places, nos camps retranchés et pour appuyer les armées qui tiennent la campagne. Pourrons-nous en avoir rapidement en quantité suffisante? Je répondrai affirmativement avec conviction.

Pour le démontrer il suffit de se poser deux questions : Avons-nous des canons ? Avons-nous des artilleurs ou des hommes susceptibles de le devenir en quelques jours? Je répondrai : nous avons des canons et nous pouvons avoir en peu de jours autant de canonniers qu'il nous en faut.

Matériel d'artillerie. — Depuis quelques années l'artillerie a fait des progrès inespérés. Les portées et la justesse ont été augmentées, en même temps que le matériel est devenu plus léger et plus maniable,

Ces innovations ont modifié profondément les conditions de la guerre de campagne ainsi que l'attaque et la défense des places. Sans entrer dans des détails, quelques explications techniques sont nécessaires pour les personnes étrangères à l'armée.

On peut ranger tout le matériel d'artillerie en trois grandes divisions, en laissant de côté les mortiers :

1° Grosse artillerie pour la marine, les côtes et les places.

2° Artillerie de siége, composée de pièces de fort calibre, mais qui sont portées sur des affûts munis de roues d'un assez grand diamètre ; ces pièces sont destinées à être déplacées sur les routes ordinaires.

Le matériel de la 1re division au contraire a, pour caractère distinctif, la fixité ; il est construit de manière à permettre un tir rapide ou un pointage facile et rigoureux ; mais il ne peut en général être déplacé que par des manœuvres de force qui exigent un certain temps et souvent des appareils spéciaux, comme des moufles, des chèvres, des crics etc.

3° Le matériel de campagne et de montagne beaucoup plus léger, destiné à agir contre des masses d'hommes, à détruire le matériel ennemi ; cette artillerie, complétement inefficace contre des fortifications permanentes, sera le plus souvent insuffisante contre des ouvrages de campagne d'une certaine importance.

Après ces explications sommaires, nous pouvons dire qu'à la suite de nos désastres il nous restait :

1° Tous les canons rayés de montagne, très-susceptibles de servir à une partie de nos troupes opérant dans les Vosges.

2° Un nombre respectable de pièces rayées de campagne de 4 et de 12, que j'évaluerai approximativement à 400 au moins, je n'ai à ce sujet aucun renseignement précis ; mais le Gouvernement de la Défense nationale annonçait, il y a un mois, qu'il avait 36 batteries montées, soit 216 canons de 4 rayés organisés pour le combat. Nous avions encore beaucoup de canons de campagne dispersés dans les arsenaux, dans les écoles d'artillerie, en Algérie, dans les fortifications de places qui ne sont pas menacées. Il y en a encore aujourd'hui qui ne servent à rien à Marseille. Il restait aussi les anciens canons de 12 qui ont été rayés.

Depuis, on a fabriqué des pièces de campagne à la fonderie de Bourges et dans beaucoup d'ateliers particuliers. Les affûts et les caissons pouvaient se faire partout, et on n'a pas négligé d'en construire.

Notre canon de bronze peut être fabriqué partout et rapidement. Il faudrait bien se garder de faire pour la *guerre de campagne* des canons se chargeant par la culasse, qui ne vaudraient pas mieux et qui seraient prêts beaucoup plus tard.

Nous sommes certains qu'aujourd'hui nous avons réparé nos

pertes et que nous sommes en bonne voie pour obtenir, à court délai, le nombre de canons qui nous est nécessaire ; *mais il ne faut pas négliger* de réunir et d'armer les pièces rayées de campagne qui existent dans des villes non attaquées.

Nous devons considérer comme nécessaire de mettre en ligne 500 à 600,000 hommes. Il faut au moins 1,000 et au plus 1,800 canons de campagne. Nous pouvons les avoir bientôt et nous devons en avoir 500 à 600 dès aujourd'hni

N'oublions pas que Paris est muni d'une nombreuse artillerie de campagne qui s'y accroît chaque jour, et qui concourra utilement à l'expulsion des Prussiens dès que le moment sera venu.

Le gros matériel de marine, de place, de côte et de siége est à peu près intact. Les canons rayés s'y comptent par milliers. Les projectiles et les munitions ne manquent pas. Mais il faudrait ne pas les laisser dans des ports ou sur des côtes qui ne courent aucun danger. Il faudrait ne pas sacrifier le service urgent du moment à la protection de villes qui ne pourraient être attaquées qu'après l'écrasement de la France, comme Toulon, Marseille, Brest, etc. La flotte doit suffire à protéger nos côtes.

Nous avons aussi dans les arsenaux de terre et dans ceux de la marine, un très-grand nombre de pièces lisses, des obusiers, des caronades. Beaucoup seraient assez légères pour être placées sur affûts de campagne, mais elles n'auraient aucune efficacité contre les canons rayés. Leur véritable emploi est dans l'armement des flancs des fortifications, pour couvrir de mitraille l'ennemi qui voudrait assaillir ces ouvrages de vive force. Pour cette destination, elles sont aussi bonnes que les canons rayés.

Enfin, nous avons un très-grand nombre de mortiers et un gros approvisionnement de bombes qui pourraient tirer à ricochet pour la défense des postes fortifiés.

En résumé, dès ce moment nous possédons une énorme force d'artillerie de fort calibre, et cette force n'est pas utilisée. Comment pourrait-on l'employer? dans des fortifications, permanentes ou passagères. Créons donc rapidement de grands camps retranchés pour arrêter les progrès de l'ennemi, et armons-les de nos pièces sur affût de place, de côte, et sur affût de marine. Fût-on obligé d'évacuer un de ces camps, l'ennemi ne pourrait presque jamais emporter ces pièces pour s'en servir dans la suite de ses opérations.

Employons l'artillerie rayée de montagne et les pièces rayées de 12. Enfin continuons à fabriquer des canons de 4 rayés de campagne. Nous avons déjà un matériel de campagne respectable ; nous ne tarderons pas à suffire à tous les besoins.

Nous indiquerons dans la note **A** (*deuxième partie*), un procédé expéditif de fabrication des canons de campagne en bronze, qui permettra d'en fabriquer dans beaucoup d'ateliers qui n'ont pas encore abordé ces travaux.

Nous avons encore une autre ressource considérable, les mitrailleuses.

En 1867, dans la Revue de l'exposition universelle, nous avons signalé les avantages que présentaient ces nouveaux engins mécaniques à tir continu, et le rôle important qu'ils étaient appelés à jouer sur les champs de bataille ; nous avons fait remarquer qu'une mitrailleuse lançait, par minute, plus de balles qu'un canon même, beaucoup plus lourd, *qu'elle avait la supériorité énorme, de porter l'efficacité de la mitraille, à 2,000 mètres, au lieu de 400 mètres.* Cela tient à ce que chaque balle est lancée par un canon distinct qui est rayé, et offre une grande justesse s'il est bien construit. — Les mitrailleuses joignent deux avantages qui s'excluent généralement chez le tireur, la précision et la rapidité du tir.

Les événements de cette guerre ont complétement justifié ces appréciations et prouvé que, dans beaucoup de cas, les mitrailleuses suppléent avantageusement les bouches à feu. Il y a de plus cette circonstance avantageuse, que les mitrailleuses peuvent être construites dans des ateliers qui ne sont pas outillés pour faire des pièces de campagne. Faisons des mitrailleuses ; nous utiliserons ainsi un plus grand nombre d'ateliers.

Du personnel de l'artillerie. — Nous avons des canons, il faut des artilleurs. Ici, une observation est nécessaire ; il faut distinguer le service des pièces, le tir proprement dit et les manœuvres des batteries de campagne devant l'ennemi.

Pour diriger le tir dans des villes fortes et derrière des fortifications passagères, les ingénieurs, les mathématiciens sont des officiers tout

préparés à bien faire, après de courtes explications. Restent les canonniers.

En général, il faut un temps assez long pour former des canonniers;
d'abord parce que chacun d'eux apprend le service des canons de
montagne, de campagne, de siége (canons et obusiers), de place, les
manœuvres de force, les manœuvres d'infanterie, celle des batteries
attelées, etc., etc. Il est évident qu'il [faut un temps beaucoup moins
long si chaque homme n'a qu'à apprendre la manœuvre d'une seule
espèce de bouche à feu à laquelle il sera attaché pour la campagne ;
ce temps peut être d'une semaine au plus pour avoir des hommes
bien familiarisés avec tous les détails du service de la pièce.

On éprouve dans les régiments beaucoup de difficultés pour apprendre aux canonniers les principes du tir et l'usage des hausses ;
on ne réussit pas toujours avec des hommes dont la culture intellec-
tuelle a été souvent complétement négligée.

Mais, si l'on prenait des hommes ayant déja des notions de
géométrie et de mécanique, les principes d'artillerie seraient compris
de suite et cette instruction se ferait dans les intervalles des manœuvres. Or ces hommes ne manquent pas, mais il faut les prendre
dans les ateliers des villes au lieu de recruter des artilleurs parmi les
travailleurs des campagnes.

Reste la question des conducteurs pour les pièces attelées de campagne. Nous avons des conducteurs tout formés dans le train des
équipages et le train des parcs, qui peuvent être suppléés à la
rigueur par des charretiers spécialement engagés et bien payés ;
nous avons encore des conducteurs déjà formés par les dépôts
d'artillerie. Enfin, après quelques jours d'exercice, tout homme
montant à cheval peut apprendre à conduire deux chevaux attelés,
à faire un à droite, un à gauche et un demi-tour par voiture. —
Avec des éléments ainsi dressés et un officier d'artillerie pour
6 pièces, on peut marcher à la rigueur. Chaque jour les condu.teurs
et les servants, une fois en campagne, se familliariseront davantage
avec leurs fonctions. Dès le début ils seront en état de faire les
mouvements très-simples de mise en batterie qui sont seuls indis-
pensables.

Pour cela, au lieu de remplir les dépôts d'artillerie de conscrits
choisis au hasard qu'il est impossible de former avec avantage,

il suffit de faire appel aux hommes qui ont déjà une préparation par la nature de leurs fonctions ou par leurs services antérieurs. Pour les décider, il est nécessaire de les bien payer et l'argent qui servira à nous donner de l'artillerie, sera très-bien employé.

J'ai reçu beaucoup de demandes d'anciens artilleurs, qui font partie de la garde nationale, pour prendre du service dans les batteries de la garde mobile, à l'époque où les journaux avaient annoncé par erreur que le gouvernement paierait 3 fr. par jour ; quand ils ont su qu'ils n'auraient qu'un franc ils se sont retirés. Parmi eux, j'ai vu des gens très-patriotes qui me disaient : avec 3 fr. nous pourrions aider nos familles et nous partirions.

Je ne doute pas qu'on eût en quelques jours le personnel nécessaire si le décret suivant était rendu :

ARTICLE 1ᵉʳ. — Tous les officiers, sous-officiers et soldats, du train des parcs et du train des équipages sont versés provisoirement à l'artillerie.

ARTICLE 2. — Tous les anciens canonniers et conducteurs du train, sont invités à s'engager dans l'artillerie.

ARTICLE 3. — L'engagement de tous les anciens cavaliers ou d'hommes n'ayant pas servi qui sont en état de conduire une voiture à la Daumont, est autorisé pour l'artillerie.

ARTICLE 4. — Il est fait appel au patriotisme des jeunes ingénieurs et ouvriers en fer et en bois pour servir les pièces ; le gouvernement les invite à s'engager dans l'artillerie.

ARTICLE 5. — Tous les engagés agréés par l'artillerie recevront une prime journalière de 3 francs.

Observons que le nombre des artilleurs est toujours très-faible relativement à l'effectif de l'infanterie. Il faudrait ainsi recruter un personnel de 25,000 à 30,000 hommes au plus. Ne vaut-il pas mieux employer ainsi nos ressources que de payer trois milliards d'indemnité de guerre à nos ennemis ?

Nous n'avons pas jusqu'ici parlé des canonniers de la marine, bien autrement habiles que ceux de l'artillerie de terre. Nous savons qu'ils constituent un corps d'élite, qui peut être l'exemple de nos troupes pour la discipline et le courage ; ils font merveille à Paris, et leur concours serait précieux dans nos fortifications.

Mais il semble que, jusqu'à ce jour, les hauts employés de la marine agissent contrairement à nos intérêts les plus sacrés, en gardant, dans les ports, leurs canonniers et leurs canons. Qu'il y ait mauvais vouloir ou ignorance de la situation, le Gouvernement de la défense nationale doit donner des ordres, il est responsable devant le pays.

CAVALERIE. — L'excellente cavalerie des Prussiens a exercé une influence considérable dans la campagne ; elle a admirablement renseigné les généraux ennemis et dissimulé leurs mouvements. Mais il faut reconnaître que ce rôle brillant a été singulièrement facilité par l'inertie des populations et par l'inaction relative dans laquelle on a laissé notre propre cavalerie.

Dans les batailles livrées, l'action de la cavalerie a été généralement peu importante, malgré l'héroïsme des régiments tant français que prussiens, qui ont exécuté des charges. Ce résultat était parfaitement prévu depuis l'accroissement de portée et de justesse obtenu par l'artillerie, et surtout depuis que l'infanterie est armée de fusils à tir rapide.

L'infanterie de notre nouvelle armée peut donc être convaincue par ses chefs, qu'elle n'a rien à craindre de la cavalerie ennemie, si elle ne se débande pas. Appuyée par une artillerie suffisante, elle aura la faculté de tenir les escadrons prussiens à grande distance.

Il résulte de ces considérations que l'infériorité numérique de notre cavalerie nous prive d'avantages importants, en cas de succès dans un combat, pour poursuivre l'ennemi ; mais elle n'entraîne en aucune façon l'impossibilité de la défense, comme le ferait le manque d'artillerie.

Nous sommes chez nous ; nous avons moins que l'envahisseur l'obligation de nous éclairer au loin avec des cavaliers ; au delà de 20 à 30 kilomètres, c'est le télégraphe qui doit nous renseigner ; plus près, nous devons être informés des mouvements de l'ennemi, surtout par les paysans auxquels il faut offrir une prime tant que leur patriotisme n'est pas suffisamment réveillé. Il y a dans chaque département beaucoup de gens qui montent à cheval ou qui ont un véhicule quelconque traîné par un cheval qui peut trotter. C'est dans ces éléments qu'il faut recruter nos éclaireurs, sans uniforme, sans armes, sans aucune instruction militaire.

Il suffit que ces personnes, qui toutes connaissent le pays, sachent où elles doivent transmettre des avis sur la marche de l'ennemi, que chacune connaisse dans le voisinage les citoyens qui concourent à ce service ; nous formerions ainsi, surtout avec les habitants des fermes isolées une troupe d'éclaireurs, insaisissable pour l'ennemi, qui remplacerait parfaitement la cavalerie légère. Ces éclaireurs serviront en général mieux que des cavaliers étrangers au pays, parce qu'ils connaissent tous les chemins et sentiers. De plus, ils peuvent se laisser entourer, vivre au milieu de l'ennemi et porter, à pied, de nuit, à travers champs, des renseignements exacts à un voisin resté plus libre, qui ira rapidement les communiquer aux chefs de nos troupes.

Ainsi, le service le plus indispensable de la cavalerie, celui qui a pour objet de faire connaître la force et la position de l'ennemi, peut être fait par des hommes de bonne volonté, dispersés sur le territoire envahi. Du reste, pour l'action sur le champ de bataille, nous ne manquons pas absolument de cavalerie.

L'armée de Paris compte 10,000 cavaliers. Nous ne croyons rien exagérer en évaluant à 5,000 hommes la force de cavalerie qui reste disponible aux nouvelles armées déjà formées ; nous avons encore un certain nombre d'escadrons en formation. La gendarmerie peut nous donner 12,000 hommes bien disciplinés et très-suffisamment montés ; le moment est venu pour la Garde nationale sédentaire de garder à elle seule les départements où l'état de guerre n'existe pas. Enfin, l'Algérie nous offre de grandes ressources pour réunir à court délai quelques milliers de cavaliers arabes, qui nous arriveraient tout prêts à combattre. En additionnant ces différents effectifs, nous voyons nettement la possibilité de réunir promptement, hors de Paris, 20,000 à 25,000 cavaliers. Leur place est à l'armée de la Loire.

DE L'EMPLOI DE NOS FORCES

Pour l'emploi de nos troupes, il convient de considérer les combinaisons stratégiques que nécessitent la situation et la force de l'ennemi ; il est tout aussi nécessaire d'étudier d'avance d'une manière générale la tactique qui devra être adoptée. C'est ce que nous examinerons d'abord.

Tactique de nos nouvelles troupes. — Nous avons le choix entre trois systèmes :

L'action d'armées nombreuses livrant de grandes batailles ; de petits combats incessamment renouvelés par des nuées de francs-tireurs, et une guerre surtout défensive exécutée par l'occupation de positions naturellement fortes que nous disputerions successivement à l'ennemi.

La guérilla en grand a été fort préconisée dans ces derniers temps par la presse ; quant à nous, nous ne nous figurons pas quels grands effets pourraient produire les actions isolées et incohérentes de nombreuses troupes dispersées en tirailleurs. Plus une troupe manque d'instruction et de discipline plus il est nécessaire de la grouper autour de ses chefs pour assurer la surveillance de ses mouvements. Nous ne sommes pas seuls à le penser. Le Gouvernement ne vient-il pas de réunir tous les francs-tireurs des Vosges sous le commandement du général Garibaldi ? Et que fait ce chef justement célèbre dans la guerre de partisans ? Il forme des régiments et des brigades afin de pouvoir régler et diriger le courage de ses soldats. Les tirailleurs doivent pouvoir se disperser et disparaître pour échapper à l'ennemi, ce qui est impraticable s'ils sont trop nombreux. Autrement il est indispensable qu'ils aient derrière eux, à proximité, un refuge ; cet appui peut être une troupe capable d'arrêter l'ennemi ou un poste fortifié. Ainsi, l'armée entière ne peut pas être utilement employée en tirailleurs.

Pouvons-nous manœuvrer avec nos jeunes troupes de manière à livrer bataille dès ce moment ? Aucun de nos généraux ne l'a pensé et n'a essayé de le faire.

Nous avons à lutter contre une armée admirablement disciplinée et bien conduite. Pour la combattre utilement, il est nécessaire que nos jeunes soldats s'habituent au feu, il est surtout indispensable qu'ils apprennent à obéir, que les régiments et les brigades prennent de la cohésion, afin de pouvoir exécuter des mouvements d'ensemble. Une grande armée comdamnée à l'immobilité devant un adversaire qui manœuvre, serait infailliblement battue.

Nos troupes doivent aussi être protégées par une nombreuse artillerie montée qui n'est encore prête qu'en partie ; le temps et les ressources nous manquent pour former une cavalerie suffisante comme effectif. L'artillerie doit tenir la cavalerie ennemie à distance de nos armées.

Nous ne pouvons donc, pour le moment, risquer une grande bataille. Mais il faut préparer notre armée le plus vite possible, pour qu'elle soit capable d'engager des actions importantes qui seront seules décisives. La préparation ne sera réelle que si nous faisons agir dès ce moment nos troupes par corps d'armée, ou au moins par divisions, en leur ménageant de fréquents engagements qui trempent le caractère des hommes, sans qu'une déroute soit à craindre.

Il faut donc commencer sérieusement la guerre défensive pour arrêter les progrès de l'ennemi, en attendant que notre nouvelle armée soit suffisamment préparée aux dernières luttes.

Dans le cours de cette étude nous avons examiné toutes les questions principales qui intéressent notre défense. Nous nous sommes demandé successivement :

Comment pouvons-nous employer nos régiments de marche et nos gardes mobiles en les armant de fusils à tir rapide ?

Comment pouvons-nous employer à la défense les gardes nationales mobilisées ?

Comment pourrions-nous utiliser nos 500,000 fusils a percussion ?

Comment pouvons-nous utiliser les énormes ressources en artillerie que nous possédons en dehors du matériel mobile de campagne ?

A toutes ces questions une même solution s'est présentée avec une évidence et une certitude complète ; employer, en grand, d'une manière systématique et suivie des *fortifications passagères*.

GUERRE DÉFENSIVE ET FORTIFICATIONS. — Il est incontestable que des troupes peu aguerries qui ne pourraient ni manœuvrer ni tenir sous le feu de l'ennemi en rase campagne, sont en état de résister long-temps derrière des fortifications. Il est également prouvé que de simples ouvrages de campagne, munis de défenses accessoires, peuvent résister aussi bien que des fortifications régulières, *pourvu qu'on leur donne une force supérieure en artillerie.* Sébastopol nous en fournit un exemple frappant ; cette place n'était qu'un grand camp retranché qui a été construit en grande partie pendant le siége ; mais elle était armée de 4,000 bouches à feu.

L'importance des fortifications passagères et la grande force que leur donne une nombreuse artillerie ne sauraient être mises en doute; ces faits sont parfaitement connus. Pourtant on néglige ces excellents moyens de défense, on ne les applique que par exception.

Nous avons cependant encore visibles sur notre sol les traces des camps retranchés des Romains. Ces travaux ont décidé la conquête des Gaules. Renouvelons-les pour nore délivrance.

Nous trouvons des exemples d'une actualité frappante en considérant ce que nos ennemis ont fait devant Paris et devant Metz. Autour de cette dernière ville, ils ont fortifié leur ligne d'investissement, protégé leurs batteries par des ouvrages en terre ; ils ont ainsi réussi à contenir une excellente armée avec des troupes qui ne la valaient pas.

Devant Paris, quand les Prussiens ont vu que la grande cité qu'ils comptaient surprendre, endormie ou divisée, était debout et armée, qu'ont-ils fait ? Ils ont fait grand bruit d'un bombardement prochain, ils ont fait venir une artillerie formidable ; puis *ils ont construit un grand camp retranché à Versail'es.* Leur cavalerie coupe les communications, à distance, loin du canon de nos forts. En même temps, garantis contre une attaque de l'armée de Paris par leurs fortifications munies de grosses bouches à feu, ils ont détaché des corps d'armée vers Amiens, vers Rouen, à Orléans, multipliant ainsi en apparence le nombre de leurs soldats.

Les Prussiens se garderont bien de faire le siége régulier des forts et de l'enceinte ; ils perdraient beaucoup plus de monde qu'ils n'en tueraient aux défenseurs.

Ils pillent nos provinces, emmagasinent d'énormes provisions, font des réquisitions avec une partie de leurs forces qu'ils n'enverront pas trop loin pour pouvoir les faire rallier en quelques jours. A l'abri de leurs remparts improvisés, ils attendent que la faim ou l'impatience leur livrent la belle proie tant convoitée.

L'impatiente ardeur des Parisiens est en ce moment le grand danger. A mesure qu'ils sentiront leurs forces augmenter, qu'ils verront leur matériel se compléter, ils seront plus désireux de marcher à l'ennemi. Ils viendraient verser, peut-être inutilement, le plus pur de leur sang devant le piége fortifié qu'un astucieux ennemi a préparé. C'est seulement quand la province fera son devoir en marchant au secours de Paris, que l'attaque du camp retranché pourra être utilement tentée, et cela par les mêmes moyens indirects que les Prussiens emploient devant Paris, en créant des camps retranchés qu'ils seront forcés d'attaquer en subissant de grandes pertes.

Pour défendre ces postes nous avons des hommes. Les nouvelles troupes, qui montrent parfois des défaillances ou subissent des paniques, tiendront derrière des parapets. Les gardes nationales mobilisées peuvent aussi faire ce service avec leur fusil à percussion rayé ; elles le feront dès qu'on leur aura prouvé que leur action, ainsi appliquée, est effective et réellement peu dangereuse.

Nous avons des canons pour garnir ces fortifications ; c'est ce que nous avons indiqué à la page 16, à moins qu'on ne s'obstine à laisser inutilement armés des points qui ne seront jamais menacés, ou à ne pas dégarnir nos magasins.

Qui pourrait nier que nos jeunes soldats ne se forment vite en commençant par des affaires moins susceptibles de les intimider que la lutte directe ? Croit-on que, lorsqu'ils verront les Prussiens fuir devant eux après une attaque repoussée, il ne sera pas facile de les engager à les poursuivre ? Alors ils seront soldats ; si nous savons en réunir beaucoup ainsi formés, si nous les appuyons par une nombreuse artillerie et des mitrailleuses, nous pourrons livrer bataille.

N'avons-nous pas la preuve de ce que nous pouvons faire dans cette voie par la défense de Paris ? Les hommes dont nous disposons ne sont-ils pas les frères de ceux qui défendent la capitale ? Engageons-les donc avec prudence, bien armés, protégés par des fortifications : nous n'enregistrerons plus de défaillances.

En résumé, nous nous sommes demandé ce qu'il fallait faire, quand l'indignation du pays réclame la défense à outrance. Sommes-

nous, homme à homme, inférieurs à nos ennemis ? Les vaincus de
de Wissembourg et de Reischoffen ont prouvé le contraire. Interrogez
à ce sujet les soldats qui ont lutté à la baïonnette, à Bazeilles, et vous
serez rassurés. Pouvons-nous encore nous défendre ? Pour satisfaire
à cette question, nous avons dû rechercher ce que nous avions en
hommes et en matériel, ce que nous pouvions réunir à bref délai, et
quelle était la valeur de ces éléments de résistance. Ce travail a fortifié notre conviction que la défense est un devoir qu'il est parfaitement
possible d'accomplir, que les probabilités du succès définitif sont
toutes en notre faveur.

Mais, pour cela, nous ne voyons qu'un moyen dans l'état de nos
ressources, et avec les progrès des armes et de l'artillerie, c'est de
multiplier les ouvrages fortifiés, de préparer tous les moyens de destruction dans les endroits où l'ennemi est attendu, de s'arranger de
manière à ménager la vie de nos concitoyens, en tuant le plus possible
de nos envahisseurs.

Si l'on adopte ce programme, il faut réunir des outils de pionnier,
avec autant de soin que l'on en a mis à se procurer des fusils. Il est
nécessaire que tout Français apprenne que le travail de la terre est
un service militaire important, que c'est le préliminaire d'un échec
de l'ennemi. Faites faire des retranchements le plus souvent par ceux
qui doivent les garder ; nos jeunes soldats se disciplineront, en
travaillant, plus sûrement que dans les casernes.

Les artilleurs parcourront les environs pendant que l'on construira
des plate-formes pour leurs pièces. Ils mesureront les distances des
divers objets, comme des arbres isolés, des fermes, des accidents de
terrain visibles, dans la campagne, dans le rayon du tir. Quand
l'ennemi se présentera, ils sauront toujours à quelle distance il se
trouve, et ils tireront avec précision. La plus grande différence entre
deux troupes d'artillerie, tient à la rapidité avec laquelle la distance
est appréciée, car les coups ne portent qu'à partir de ce moment.
Généralement, on tire au premier coup trop court, au deuxième trop
long, et ainsi de suite, jusqu'à ce qu'on voie qu'on atteint l'ennemi.
Des canonniers très-exercés règlent leur tir de la sorte, en deux ou
trois coups. Sous ce rapport, nos artilleurs auraient l'avantage dès le
début, et ils pourraient souvent empêcher une batterie d'ouvrir son
feu ; c'est ce qui est arrivé pour deux de nos batteries montées devant

Sébastopol, le 8 septembre 1855. Ajoutons que, dans notre projet de défense, nos canonniers auraient surtout des canons de gros calibre, portant plus loin et faisant plus de ravages que les pièces de campagne prussiennes.

Si ce système de guerre défensive est trouvé bon, employons-le de suite ; n'attendons pas l'ennemi dans nos villes, entassons les obstacles sur sa route ; qu'il marque son passage par les cadavres de ses soldats ; derrière chaque poste fortifié préparons-en un autre qui serve de refuge à nos défenseurs, jusqu'à ce qu'ils arrivent à une bonne position fortement préparée. Alors ils diront à cette marée envahissante de barbares : Tu n'iras pas plus loin !

Quand les progrès de l'ennemi seraient arrêtés dans les directions de son rayonnement, nous prendrions l'offensive, *toujours par le même procédé ;* nous construirions d'autres ouvrages à quelques lieues en avant de ceux qui nous auraient servi à l'empêcher de continuer sa marche. Nous limiterions ainsi à coup sûr et *plus promptement qu'on ne pourrait le penser* le champ de ses excursions, et nous bornerions ses approvisionnements. C'est ainsi, en particulier, que nous pourrons aller avec sûreté au secours de notre capitale.

L'emploi généralisé des ouvrages en terre loin d'exclure le service des tirailleurs le facilite et permet de l'étendre ; des francs-tireurs nombreux ne pourraient pas disparaître au besoin et seraient promptement détruits ou pris ; ils peuvent se retirer en sûreté dans les retranchements.

Il doit être évident pour le lecteur que ce système n'exclut pas davantage, dans notre pensée, les engagements en ligne auxquels il faut préparer les troupes ; il permettra, au contraire, d'y employer plus tôt ceux de nos jeunes soldats qui sont armés de fusils perfectionnés, et la chose est facile à comprendre ; avec la certitude de trouver un abri, s'ils n'ont pas l'avantage, ils auront plus de confiance ; battus, ils se reformeront dans les ouvrages.

La proposition d'utiliser de suite les troupes en les employant contre l'ennemi dès qu'elles sont armées, et en les instruisant par des escarmouches journalières, n'est pas nouvelle. On a dit souvent : ces soldats battront en retraite si leurs officiers ne peuvent pas les garder au feu ; après plusieurs retraites ils tiendront. Cela dépend un peu de l'infanterie ennemie qui peut marcher aussi vite que la nôtre, de son artillerie rayée qui changera bientôt la retraite en déroute, et de sa cavalerie qui coupera la retraite ou fera au moins de nombreux prisonniers. Nos jeunes troupes employées sans avoir un asile assuré après l'action, seraient vouées à la destruction ou découragées pour longtemps. Multiplions donc les fortifications passagères.

OBSERVATIONS.

Un décret rendu à Tours, le 14 octobre, prescrit l'emploi de fortifications passagères. Nous citons les articles suivants qu'un journal de Lyon reproduit, et que nous lisons aujourd'hui pour la première fois :

ARTICLE PREMIER. — *Tout département dont la frontière se trouve, par un point quelconque, à une distance de cent kilomètres de l'ennemi, est déclaré en état de guerre.*

ART. 2. — *L'état de guerre entraîne les conséquences suivantes :*

Le chef militaire du département convoque, toute affaire cessante, un Comité militaire de cinq membres au moins et de neuf au plus.

Le Comité, après avoir visité, s'il y a lieu, le terrain, désigne dans les quarante-huit heures, à partir de la déclaration de l'état de guerre, les points qui lui paraissent le plus favorables pour disputer le passage à l'ennemi.

Ces points sont immédiatement fortifiés à l'aide de travaux en terre, d'abattis d'arbres et autres moyens d'un emploi rapide et peu dispendieux. Ces fortifications prendront, selon le cas, le caractère d'un camp retranché pouvant contenir tout ou partie des forces disponibles du département et recevront, s'il y a lieu, de l'artillerie. Chacune des voies par lesquelles l'ennemi est supposé pouvoir avancer recevra au moins un système de défense semblable, dans les limites du département. Il ne sera fait exception que lorsque la voie sera déjà commandée dans le département par une place fortifiée.

ART. 3. — *Le Comité militaire ou les membres délégués par lui auront droit de réquisition directe sur les personnes et les choses pour procéder à l'établissement des travaux susmentionnés. Ils paieront les dépenses à l'aide de bons délivrés par eux, et qui seront*

*acquittés sur les fonds du département ou des communes, ainsi qu'il
sera dit plus loin.*

Voilà un excellent décret, comme nous en avons reçu de Tours
plusieurs autres également bons, dans des derniers temps. Je suis
heureux que ma note n'en soit plus que le commentaire, et que le
Gouvernement prescrive aux autorités l'emploi des fortifications permanentes.

Nous ferons pourtant à ce sujet deux observations : 1° La défense
doit être plutôt combinée par région que par département.

2° L'application des ouvrages en terre et des fortifications passagères est prescrite dans des limites trop étroites. Nous espérons
avoir prouvé qu'il faut les employer plus généralement, commencer
de bonne heure, faire des ouvrages solides et surtout des systèmes
d'ouvrages pour assurer toujours un refuge aux défenseurs ; nous
demandons que l'artillerie soit généralement, et non par exception,
employée dans ces ouvrages. Une fortification sans canons ne présentera que peu de résistance.

N'ayons pas peur de trop travailler pour assurer notre defense et
nuire à l'ennemi.

3° — Nous recommandons à l'attention de nos concitoyens l'idée
que nous avons émise, d'employer des ouvrages fortifiés, non seulement pour la défense, mais aussi pour l'attaque.

La 2ᵐᵉ partie de ce travail traitera du système de fortifications qu'il
conviendrait d'employer, et des combinaisons stratégiques qui paraissent imposées par les circonstances.

Après avoir relu cette note écrite au courant de la plume, et qui
ne peut être utile que si elle est publiée sans retard, je crois devoir
solliciter l'indulgence, pour le désordre d'une rédaction improvisée,
dans les intervales de mon service. J'espère au moins que les lecteurs
y trouveront la conviction que nous pouvons lutter avec succès, et
l'expression sincère d'un dévouement sans bornes pour la défense
de notre chère patrie. Je confie la vulgarisation de ces idées aux
Français qui pensent comme moi, que nous devons traiter seulement
après avoir chassé l'envahisseur.

Résumé et conclusions. — Nous n'avons jamais rêvé de conquêtes
sanglantes ; pour nous, toute guerre qui n'est pas indispensable est
un crime ; l'agresseur qui fait verser des torrents de sang est un

infâme. Nous envisageons avec horreur la prolongation de la guerre, et l'énorme consommation de vie humaine qui en résulte. Aussi au milieu des hontes et des dangers qui nous environnent, participant à la défense du pays, chargé d'âmes comme commandant des troupes, nous avons du apporter tous nos soins à l'étude des redoutables problèmes que la fatalité inexorable nous pose.

Nous avons la conviction profonde que la guerre déclarée par nos gouvernants avait été préparée par la Prusse ; pour l'étranger la forme a un moment dissimulé la réalité des choses. Cette guerre a été, et reste pour les Allemands une œuvre de haine ; l'exécution rappelle le souvenir des pillages accomplis autrefois, par les compagnies franches. Nous ne pouvons traiter avec ces barbares, qu'après les avoir vaincus et chassés de notre sol.

Ici se posait la question de la possibilité de la défense nationale. La réponse de notre conscience n'est pas ambiguë ; nous ne ferons qu'aggraver nos maux, multiplier nos défaites, si nous continuons à agir comme par le passé, c'est-à-dire que la moitié de la France reste tranquille, et pour ainsi dire indifférente, pendant que nos jeunes troupes sont inactives, ou qu'on les engage dans des conditions qui produisent facilement des déroutes.

Mais en même temps l'estimation de nos forces et de celles de l'ennemi, l'étude des conditions de la guerre démontrent clairement pour nous, que nous pouvons nous défendre d'abord, mettre un terme aux insultes que subit notre patrie, puis vaincre nos vainqueurs d'aujourd'hui. Notre opinion n'est pas un mirage de nos vœux ; c'est un fait démontré par la facile réalisation des moyens qui peuvent utiliser nos ressources.

Les ressources défensives sont suffisantes en hommes, et en matériel ; ce qui n'est pas prêt peut l'être à court terme. Dès ce moment nous avons le pouvoir de changer la fortune des armes.

Nous avons à séparer nettement, d'après leur armement, les troupes qui doivent agir :

1° Ceux auxquels le pays demande le concours le plus complet, l'armée, la mobile, les francs-tireurs volontaires, doivent avoir un fusil perfectionné ; il faut avoir soin de ne pas les rebuter par une trop rude besogne au début ; mais leur éducation ne peut se faire qu'en pleine campagne.

2° Les gardes nationaux mobilisés doivent recevoir des fusils rayés à percussion ; ainsi armés, ils ne sont pas en état de lutter à poitrine découverte ; mais leur armement est suffisant derrière les retranchements qu'ils contribueront à construire. Il faut le leur dire, le leur prouver, et les porter sans retard à la défense des points menacés. Honte à qui ne marche pas.

3° Les gardes nationaux restant dans leurs foyers doivent céder les armes rayées jusqu'à ce que les gardes nationaux mobilisés en seront tous pourvus. Le Gouvernement doit considérer comme trahissant le pays, tous ceux qui ne marchant pas à l'ennemi détiennent des armes qui ne leur sont pas nécessaires. Le service de la garde nationale peut se faire avec un fusil lisse ; il doit devenir une affaire sérieuse ; il sera alors possible d'employer à l'armée tous nos gendarmes et une partie des gardes champêtres.

Nous avons à réunir tous nos canons pour les employer de suite, ne laissons rien en réserve. Pour la France vaincue il n'y aurait pas de lendemain. Continuons à augmenter notre matériel. Mais appliquons immédiatement à la défense ce que nous avons.

Pour cela nous avons indiqué un moyen efficace dans l'emploi systématique des fortifications, qui permet d'utiliser de suite nos mobiles, notre jeune armée, nos gardes nationales mobilisées, notre matériel d'artillerie et les armes portatives dont nous disposons. La possibilité d'utiliser ces éléments immédiatement et de former ainsi une armée redoutable comme celle qui se crée dans Paris n'est pas contestable. S'il y a un autre moyen, je ne le soupçonne même pas ; autour de nous rien ne le fait pressentir. J'ai donc considéré comme un devoir de publier des idées que je conçois très-bien et que j'ai eu au moins le vif désir d'exposer clairement.

L'armement de notre infanterie, qui s'améliore chaque jour, est à la rigueur suffisant aujourd'hui, *pourvu que les armes soient entre les mains de ceux qui doivent s'en servir.*

Nous ne manquons pas absolument d'artillerie de campagne et de mitrailleuses ; nos ateliers sont en état de compléter rapidement ce matériel ; en attendant nous devons y suppléer par l'emploi de notre grosse artillerie dans des positions fortifiées. Cette artillerie existe puissante et nombreuse ; en la laissant plus longtemps inactive on trahirait la nation.

Notre cavalerie restera inférieure à celle de l'ennemi, quoique nous fassions ; c'est une raison de plus pour s'en occuper beaucoup et pour l'augmenter autant que possible, afin d'appuyer nos troupes. Si la gendarmerie et des volontaires Africains étaient réunis à l'armée, la disproportion ne serait plus autant à notre désavantage. Comme une partie de nos troupes a à agir dans des pays accidentés, on pourrait fournir une force de cavalerie trés-suffisante à celles qui, comme l'armée de la Loire, auront à combattre en plaine pour aller au secours de Paris.

APPENDICE

Nous venions de terminer cet exposé rapide de nos idées lorsqu'une nouvelle inattendue est venue soulever l'indignation du pays. Bazaine a capitulé ! Metz a dû ouvrir ses portes à l'ennemi pour la première fois !

Le danger s'est accru, nos plans stratégiques doivent être modifiés; mais il n'en est que plus urgent de prêcher une tactique défensive qui protége la vie de nos citoyens et augmente les pertes de l'ennemi.

Nous devons envisager franchement la situation nouvelle, en calculer tous les périls, mais pour lutter avec avantage ; car notre cause n'est pas plus désespérée aujourd'hui qu'avant la reddition de Metz.

Au fond, il n'y a de danger nouveau pour le moment que l'accroissement des forces disponibles que nous aurons à combattre. Les 200,000 assiégeants de Metz *qu'il aurait toujours fallu battre plus tard,* vont tenir la campagne. Les Prussiens auront donc 600,000 hommes pouvant manœuvrer ou garder leurs communications au lieu de 400,000. Nous perdons en plus l'espoir de réunir l'armée de Bazaine à nos troupes à un moment donné ; mais nous n'espérions effectuer cette réunion que lorsque nous aurions été nous-mêmes organisés pour tenir la campagne et secourir Metz. Donc, pour le moment, l'ennemi est renforcé de 200,000 hommes ; voilà toute la vérité.

Mais n'avons-nous pas 500,000 soldats ou mobiles et 500,000 gardes nationaux mobilisés ? Paris ne retiendra-t-il pas sous ses murs au moins 300,000 hommes, et Paris n'a-t-il pas 500,000 défenseurs ? En réalité nous sommes 1,500,000 combattants armés contre 600,000 Allemands ; nous sommes chez nous, nous défendons nos familles, nos foyers, le sol où reposent nos pères ; dans ces conditions, l'événement de Metz troublerait nos courages et nous empêcherait de faire notre devoir ?

Les bons citoyens répondront en prenant leur fusil.

Lyon, le 3 novembre 1870.

MICHEL ROUS.

Chef d'Escadrons, commandant les batteries de la
Garde mobile des Bouches-du-Rhône.

TABLE DES MATIÈRES

pages.

PRÉLIMINAIRES 3

DE L'ORGANISATION DE NOS FORCES

Ce qui a été fait 5

Armée et garde mobile 6

Garde nationale mobilisée 8

Francs-tireurs 9

Armement de l'infanterie 10

Artillerie 13

   —   Matériel d'Artillerie 14

   —   Personnel de l'Artillerie 17

Cavalerie 20

DE L'EMPLOI DE NOS FORCES

Tactique de nos nouvelles troupes 23

Guerre défensive et fortifications 24

Conclusions 30

Appendice 33

Impr. Vᵉ Chanoine, Lyon.

www.ingramcontent.com/pod-product-compliance
Lightning Source LLC
Chambersburg PA
CBHW061147050726
47594CB00005B/2323